AF457396

MEMOIRE

POUR

DOM DEVIENNE,

RELIGIEUX BÉNÉDICTIN,

DE LA CONGRÉGATION

DE SAINT MAUR.

[illegible] ANGERS,
Chez [illegible]RE-LOUIS DUBÉ, Imprimeur,
à la Chaussée Saint Pierre. 1762.

AVEC PERMISSION.

MÉMOIRE

POUR DOM DEVIENNE, RELIGIEUX BÉNÉDICTIN, DE LA CONGRÉGATION DE S. MAUR.

CONSACRÉ par état au silence, je ne devois pas m'attendre que je me trouverois dans l'obligation d'élever ma voix, contre les personnes que je respecte le plus. Un Décret que mes Supérieurs ont porté contre moi & qui me deshonore, rend la démarche que je fais aujourd'hui, d'une nécessité indispensable. Vivement attaqué dans ce qui doit m'être le plus sensible, il ne me reste que cette voye de me soustraire à des préventions dont je suis la victime. Il m'auroit été sans doute plus avantageux de confier le soin de ma défense à l'un de ces hommes éloquens, dont le Barreau voit briller les talens & le zéle. J'ai cru que ma cause intéressoit assez par elle-même, pour se passer des ornemens du stile. En écrivant ce Mémoire, la justice & la vérité ont exigé mes premiers hommages; & pour les concilier avec d'autres devoirs qui ne me sont pas moins précieux, je n'ai eu besoin que de suivre les mouvemens de mon cœur.

J'ai été chargé par mes Supérieurs au mois d'Août 1754, de travailler à l'Histoire générale de la Province de Guyenne, & à l'Histoire particuliere de la Ville de Bordeaux. J'ai éprouvé à l'occasion de cette entreprise, une multitude de contradictions & d'obstacles. La signification d'un Décret qui a été rendu contre moi le 16 de Septembre 1761, m'a porté le coup le plus sensible. Comme cette forme de procéder n'est en usage qu'à l'égard des Religieux qu'on suppose mériter une flétrissure, & que le Décret contient des imputations deshonorantes, je n'ai pu me dispenser de recourir à l'autorité supérieure, & j'en ai appellé comme d'abus. L'Arrêt par lequel le Parlement déclare l'appel bien relevé, n'a pas été signifié. Il y a eu un accommodement, dont les conditions faisoient présumer, que cette affaire n'auroit point d'autres suites. Ces espérances se sont évanouies, ce qui m'oblige de faire paroître ce Mémoire dans lequel je me propose d'établir, que je ne me suis porté que par obéissance à mes Supérieurs, à entreprendre les ouvrages dont je viens de parler, que j'ai rempli par mon travail l'engagement que j'ai contracté, & que le Décret à été rendu sans aucune raison légitime.

J'étois occupé à l'Histoire de Picardie dans l'Abbaye de Saint Germain-des-Prés à Paris, lorsque Dom *Maumousseau* Supérieur Général de notre Congrégation, me proposa de travailler à l'Histoire générale de la Province de Guyenne, & à l'Histoire particulière de la Ville de Bordeaux. L'honneur que Dom *Maumousseau* me faisoit, en jettant les yeux sur moi pour remplir cette place, n'auroit pas suffi pour me la faire accepter, sans les motifs de l'obéissance & d'un extrême attachement pour mon Corps. En effet, je me trouvois dans le centre de ma famille, à portée de consulter des personnes consommées dans un genre de travail pour lequel on ne pouvoit, vû ma grande jeunesse, me supposer que des dispositions. Je perdois ces avantages, en me retirant dans une Province éloignée. On ne me laissa pas même ignorer, que j'aurois à vaincre des obstacles, qui naîtroient de quelques circonstances critiques, qui depuis plusieurs années avoient fait échouer ceux qui avoient tenté la même entreprise; mais en même tems on me fit entendre qu'il s'agissoit de rendre service à mon Corps, que je pouvois compter sur de fortes protections, & qu'avec de la persévérance, il n'est point de difficultés qu'on ne surmonte. Tels furent les motifs qui me déterminerent à me rendre en Gascogne.

J'étois à peine arrivé au lieu de ma destination, lorsque les obstacles qu'on m'avoit annoncé, se présenterent. Je les combattis, & ces premiers nuages se dissiperent.

D'autres d'une espéce différente leur ayant succedé, je me fis constamment un devoir d'exposer ma situation à mes Supérieurs, & sur-tout à Dom *Delruë* qui avoit été nommé Général de notre Congrégation en 1756, & de me conformer à leurs intentions. J'ai été confirmé dans ma place par plusieurs Assemblées de mes Supérieurs, quoique j'y aie été attaqué avec les armes d'une forte prévention & d'un crédit très-considérable. Notre Chapitre général de 1760, agissant dans la supposition que mon travail n'étoit pas suffisant, ordonna que je quitterois la place d'Historiographe de Guyenne. Mais ayant fait connoître au Pere Général, que cette Assemblée avoit été mal informée, ce Supérieur crût pouvoir déroger en ma faveur à sa disposition, & Dom *le Fevre* premier assistant, m'écrivit dans le mois de Juillet de la même année, « que le Pere Général me per« mettoit de continuer mon travail, & m'accordoit pour cet « effet, les dispenses qui m'étoient nécessaires. »

La persécution toujours renaissante, qu'on me suscitoit, à l'occasion des Ouvrages qui m'étoient confiés, me détermina à présenter une Requête à l'Assemblée de mes Supérieurs, qui se tint dans l'Abbaye de Saint Germain-des-Prés, au mois d'Avril 1761. J'expose dans cette Requête, que les obstacles que je ne cesse d'éprouver, me font craindre que mes Supérieurs n'ayent plus dessein de m'appliquer aux mêmes entreprises. Je supplie l'Assemblée de me faire connoître ses intentions, & je finis ainsi mon Mémoire: « Il « est naturel, mes Révérends Peres, que je desire de ne pas « perdre le fruit de sept années de travail, & de faire « paroître un Ouvrage (l'Histoire de la Ville de Bor« deaux) qui est à sa fin ; mais je vous prie d'être per« suadé que le sentiment qui m'oblige de recevoir vos or« dres avec une parfaite soumission, n'en est pas moins « profondement gravé dans mon cœur. »

Cette Requête fut rapportée le 25 Avril, & Dom le *Bel* Visiteur de France, m'écrivit sur le champ la lettre suivante, « M. R. P. j'ai remis à l'Assemblée la Requête « que vous m'avez envoyée. Il ma paru qu'on sentoit la né« cessité de vous faire venir à Paris. Je ne doute pas que le « Très-Révérend Pere Général ne vous y appelle. » En effet, le Pere Général me marqua le 6 du mois de Juin suivant: « Qu'il consentoit que je vinsse à Paris pour y « continuer mon entreprise de l'Histoire de Bordeaux. »

Tous ces faits sont précis, & prouvent que je n'ai entrepris l'Hiſtoire Générale de Guyenne, & l'Hiſtoire particuliere de la Ville de Bordeaux, que par obéiſſance & avec la ſubordination convenable à mon état.

Mes Supérieurs m'ayant autoriſé dans la place d'Hiſtoriographe de Guyenne, je ſuis dès-lors diſpenſé de juſtifier la conduite que j'ai tenue, depuis que je l'occupe. Il n'eſt pas vraiſemblable que la Congrégation de Saint Maur ait laiſſé pendant nombre d'années, un Religieux dont la conduite eut été repréhenſible, dans une place qui le tiroit habituellement de ſon Monaſtere. La regularité dont ce Corps fait profeſſion, ſon équité, ſa prudence ne permettent pas de le ſuppoſer. J'inſiſte d'autant moins ſur cet article, que le Décret contre lequel je réclame, ne me fait pas à cet égard le plus leger reproche.

Mon travail eſt facile à juſtifier. Des plaintes ayant été portées à ce ſujet à notre Chapitre de 1757, Monſieur le Comte d'*Herouville*, qui commandoit alors en Chef dans la Province de Guyenne, marqua au Pere Général, qu'il avoit pris connoiſſance par lui-même de mon travail, & qu'il en étoit ſatisfait.

Dom *Dehen* nommé Viſiteur de Gaſcogne en 1760, s'étant rendu à Bordeaux, écrivit au Pere Général que le motif qui avoit déterminé le Chapitre à m'ôter la place d'Hiſtoriographe de Guyenne, n'étoit nullement fondé, qu'il lui certifioit que j'avois preſque fini l'Hiſtoire de la Ville de Bordeaux, & qu'il étoit perſuadé que le public en ſeroit content. Le ſuffrage de ce Viſiteur, eſtimé dans notre Congrégation par ſes connoiſſances & ſes vertus Religieuſes, fit ſur l'eſprit du Pere Général, toute l'impreſſion que j'avois lieu d'en attendre. Dom *Dehen* à confirmé ſon témoignage dans l'Aſſemblée de 1761.

J'ai paſſé près d'un an à Marmoutier avant de me rendre à Paris. Ce Monaſtere renferme un certain nombre de Religieux qui s'occupent aux ſciences. Je communiquai mon manuſcrit à Dom *le Saint* & à Dom *Girou*, dont les travaux littéraires ont eu plus particulierement l'Hiſtoire pour objet. Ces deux Religieux en parlerent favorablement à Dom *Cailhava* qui vint viſiter l'Abbaye de Marmoutier au mois de Février 1761. Dom *Girou* l'aſſura qu'il avoit lû en entier le manuſcrit de l'Hiſtoire de Bordeaux, qu'avec les piéces juſtificatives, il formeroit deux volumes in-quarto, que ſi on l'imprimoit tel qu'il étoit, il me feroit honneur, qu'il ſeroit néanmoins plus complet, ſi on me permettoit de recueillir à Paris quelques mémoires que la Province n'avoit pu me procurer.

Ces témoignages n'ayant pas suffi pour fermer la bouche à certaines personnes qui décréditoient mon ouvrage, & qui nioient jusqu'à son existence, je fis passer mon manuscrit à Paris entre les mains de Dom *Taillandier*. Ce Bénédictin, connu par la nouvelle Histoire de Bretagne, après avoir gardé quelque tems mon Ouvrage, m'écrivit le 23 Avril 1761 la lettre suivante : « M. R. P. Je me « hâte de vous mander l'impression qu'à faite sur moi la « lecture de votre Histoire de Bordeaux. Il ma paru que « vous avez ramassé avec choix, que vous avez bien vû « les objets, & que vous les rendez avec précision. Votre « stile est noble & soutenu, & l'on y trouve cet intérêt qui « plaît & qui attache. Dom *Tassin* (Auteur de la nouvelle « Diplomatique) qui a lû une partie de votre ouvrage, en » porte le même jugement que moi, &c. »

Quelque-tems après, je me rendis dans l'Abbaye de Saint Germain-des-Prés, conformément aux ordres du Pere Général. Ce Supérieur lût les premiers cahiers de mon Ouvrage. En me les remettant, il me dit que ses occupations l'empêchoient d'en lire d'avantage, qu'il approuvoit mon stile, & qu'il voioit avec plaisir que tout ce que j'avançois, étoit appuyé sur des autorités.

Monsieur *Bonami* de l'Académie des Sciences, à été nommé d'abord Censeur de l'Histoire de Bordeaux. Trois semaines après que je lui eus remis mon manuscrit, cet Académicien me marqua que ses occupations ne lui permettoient pas d'en faire l'examen, qu'il en étoit d'autant plus mortifié, qu'il en avoit vu une partie avec satisfaction, & qu'il étoit persuadé qu'il seroit favorablement accueilli du public. Lorsque j'allai retirer mon manuscrit, Monsieur *Bonami* confirma de vive voix le témoignage qu'il m'avoit rendu par écrit, & m'assura avoir dit à Monsieur de *Malesherbes*, qu'il étoit content du stile & des recherches de l'Auteur.

Le manuscrit de l'Histoire de Bordeaux est actuellement entre les mains de Monsieur *Dupui* de l'Académie des Sciences, & ce Censeur lui a accordé son approbation.

Je me préparois à livrer à l'impression mon Ouvrage. J'avois déja commencé à en publier le *Prospectus*, lorsque le Sécrétaire du Pere Général me signifia le Décret, qu'on peut voir à la fin de ce Mémoire.

On ſera ſans doute ſurpris, qu'un Acte auſſi deshonorant pour moi, ait eu ſon exiſtence dans le moment où je devois, ce ſemble, éprouver d'une maniere plus particuliere, les bontés de mes Supérieurs. Un traitement auſſi ſévère, ſuppoſe que j'ai commis des fautes griéves, qui les ont forcé à uſer d'une voye qui n'eſt jamais employée qu'à l'égard des Religieux convaincus de deſobéiſſance & de révolte. Si je me ſuis rendu coupable de ces crimes, ils ont dû être conſignés dans le Décret. C'eſt donc en le diſcutant, qu'on pourra ſe former une idée juſte de ma cauſe.

Les motifs de ce Décret ſe réduiſent à trois. On m'impute d'avoir adreſſé au Très-Révérend Pere Général une lettre peu refléchie, & d'avoir ajoûté de vive voix, tant à ce Supérieur qu'aux Révérends Peres aſſiſtans, des paroles peu reſpectueuſes. On m'accuſe enſuite d'avoir fait imprimer ſans la permiſſion & contre les intentions du Pere Général, le *Proſpectus* de l'Hiſtoire de la Ville de Bordeaux. Enfin, on me fait un crime d'avoir dit à ces Supérieurs, que j'avois deſſein de me pourvoir par les voyes de droit.

Je réponds au premier chef d'accuſation, en demandant que la lettre en queſtion ſoit produite. Un Magiſtrat célébre pria dans le tems le Pere Général de lui en donner la lecture, ce qui lui ayant été perſéveramment refuſé, donne lieu de penſer que je ne ſuis point à cet égard auſſi coupable que le Décret le ſuppoſe. Quant aux diſcours peu reſpectueux qu'on prétend que j'ai tenu; comme cette allégation eſt vague, je ne puis y répondre que d'une maniere générale. J'ignore en quoi conſiſte ce grief, & il n'eſt pas vraiſemblable que j'aie eu l'imprudence de manquer de reſpect aux premiers Supérieurs de notre Congrégation, qui pouvoient me punir ſur le champ de ma témérité, & qui n'étoient nullement diſpoſés à me pardonner mes écarts.

Le ſecond motif du Décret n'a pas de fondements plus ſolides. Pour le démontrer, il ſuffit de rappeller ici quelques faits. Dès que je fus arrivé à Saint Germain-des-Prés, le Pere Général me dit de prendre les meſures convenables pour terminer mon entrepriſe. Quelques jours après, ayant eu beſoin de quelque argent, & le Religieux chargé de cet objet de dépenſe, ayant refuſé d'y fournir, j'allai trouver le Pere Général qui m'avoit marqué dans ſa lettre du ſix Juin, *qu'il auroit ſoin de payer les frais & la dépenſe de mon ſéjour à Paris*. Ce Supérieur me dit qu'il avoit changé de ſentiment, que mon manuſcrit, dont il me permettoit de diſpoſer, devant me procurer un certain bénéfice, il étoit naturel que les frais qu'il occaſionneroit fuſſent prélevés ſur ce produit, & il me répéta pour la ſeconde fois, de demander un Cenſeur & de m'arranger avec des Libraires. Depuis ce moment, on ne m'accorda plus que le logement & la nouriture. Je ne tardai point à prendre des meſures pour l'impreſſion de mon Ouvrage. Aucun Libraire n'ayant voulu s'en charger, que je n'euſſe préalablement publié un *Proſpectus*, j'y travaillai ſur le champ & le communiquai à Dom *Hervin* Bibliotecaire de l'Abbaye de Saint Germain-des-Prés. Quelques jours après, ayant parlé au Pere Général du petit écrit que je me propoſois de faire imprimer, je m'apperçus qu'il en avoit déja connoiſſance. Ce Supérieur me fit quelques objections, ſur-tout par rapport à l'Article des ſouſcriptions, & me parut ſatisfait des réponſes que je lui donnai. Immédiatement après cet entretien, je demandai un Cenſeur, & ayant eu ſon approbation, le *Proſpectus* ou *idée générale* de l'Hiſtoire de la Ville de Bordeaux fut imprimé. J'en diſtribuai auſſitôt des exemplaires à la plus grande partie des Religieux qui ſe trouvoient alors dans l'Abbaye de Saint Germain-des-Prés, en commençant par le Pere Général. Cette diſtribution étoit achevée depuis plus de vingt-quatre heures, lorſque ce Supérieur prit des meſures pour l'arrêter au dehors.

Il réſulte de ces faits, que le Pere Général m'ayant permis de diſpoſer de mon manuſcrit, & ayant même aſſigné ſur le produit de ſa vente une partie de ma dépenſe, il m'a ſuffiſamment autoriſé à prendre les meſures néceſſaires pour l'impreſſion de mon Ouvrage, & par conſéquent à en faire paroître le *Proſpectus*. Non-ſeulement le Pere Bibliotecaire de Saint Germain, mais encore pluſieurs autres Religieux de cette Communauté, ont été informés que ce *Proſpectus* alloit paroître. Il eſt donc ſans apparence, que j'aie voulu en faire un miſtère au Pere Général. Enfin, il eſt à remarquer que le premier exemplaire du *Proſpectus* de l'Hiſtoire de Bordeaux, à été préſenté au Pere Général. Dans la ſuppoſition que je n'ai point parlé de cet écrit à ce Supérieur, je n'aurois pas manqué d'en faire paſſer dans les Provinces & ſur-tout à Bordeaux, & même d'en diſtribuer dans Paris, avant de lui en donner connoiſſance, parce que je devois penſer, que le Pere Général à la vûe d'un imprimé qui ne devoit paroître qu'avec ſa permiſſion, en arrêteroit ſur le champ la diſtribution, ce qu'il n'a fait néanmoins, que plus de vingt-quatre heures après qu'il lui a été présenté. *

Si j'avois fait effectivement imprimer, sans la permission du Pere Général, le *Prospectus* de l'Histoire de Bordeaux, ce défaut de subordination, en me rendant repréhensible, n'auroit peut-être pas suffi pour déterminer ce Supérieur, à faire un éclat qui compromettoit l'honneur du Corps, & qui décréditoit un ouvrage, muni d'Approbations suffisantes. Aussi le Décret allégue deux motifs pour lesquels on se porte à supprimer le *Prospectus* de l'Histoire de Bordeaux. Le premier est, que ce *Prospectus* annonce le tems auquel cet Ouvrage sera imprimé, & l'on prétend que la Ville de Bordeaux auroit droit de se plaindre, si cet Ouvrage paroissoit, avant qu'on lui en eût donné communication.

Si dans le nombre des objections que le Pere Général me fit, lorsque je lui parlai du dessein où j'étois de faire imprimer mon *Prospectus*, celle-ci avoit été comprise, j'y aurois donné sur l'heure une réponse satisfaisante. Peu de jours après mon arrivée à Paris, j'avois écrit à Monsieur l'Intendant de Bordeaux & à l'Hôtel de Ville, pour donner avis que j'allois livrer incessamment à l'impression, l'Ouvrage qui m'avoit été confié. Cette démarche avoit été d'autant plus indispensable, que suivant le Contrat passé en 1752, entre les Magistrats municipaux de la Ville de Bordeaux & le Pere Général de notre Congrégation, les premiers doivent se charger des frais de l'impression. J'avois même rendu dans cet objet plusieurs visites à la personne qui est chargée à Paris des affaires de l'Hôtel de Ville de Bordeaux. Le silence des Magistrats avec qui notre Congrégation a contracté, m'avoit fait connoître qu'ils regardoient comme résilié, un Acte dont ils cessoient depuis

* Au reste, cette supposition est absolument dementie par la lettre même que j'ai adressée au Pere Général, avec le *Prospectus* de l'Histoire de Bordeaux. Cette lettre, dont le Décret fait mention, commence ainsi. " M. T. R. P. j'ai eu l'honneur de vous représenter il y a huit jours, que les " Imprimeurs, avant de se charger de mon Histoire de Bordeaux, exigeoient " que je sondasse les dispositions du public, & que j'étois d'accord sur ce " point avec Monsieur de *Malesherbes*. Comme vous ne m'avez pas témoigné " que cela souffrit de difficultés, j'ai fait imprimer mon *Prospectus*. „ On peut juger de ma surprise, lorsque deux jours après avoir écrit cette lettre, on m'a signifié un Acte qui porte, que mon *Prospectus* a été imprimé contre les intentions du Pere Général, & qu'il sera supprimé. Ceci donne à résoudre un problême dont voici la solution. Huit jours avant l'impression de mon *Prospectus*, les dispositions du Pere Général à mon égard ne pouvoient être plus favorables. Mais certaines personnes voyant leurs projets sur le point d'échouer, ont réussi à faire changer ce Supérieur, en employant quelques ressorts qui ne me sont point inconnus.

trois ans de remplir la principale clause, & je m'étois déterminé en conséquence, à prendre des arrangemens avec des Libraires.

J'ai été informé, qu'on a fait servir certains endroits délicats que je n'ai pu me dispenser de traiter, de fondement à des préjugés contre mon Ouvrage. Il m'est facile de les détruire. Le *Prospectus* * de la nouvelle Histoire de Bordeaux, n'annonce pas que l'Auteur l'ait composé, de façon à donner de l'ombrage aux Bordelois. Quelques-uns d'entr'eux, à qui j'ai communiqué une partie de mon manuscrit, sont en état de rassurer leurs compatriotes. Le Pere Général pourroit aussi le faire. Aussi-tôt qu'il eut lû mon Discours Préliminaire, il me dit qu'il craignoit, que le desir de témoigner aux Bordelois mon estime & ma reconnoissance, ne se fit trop rémarquer dans mon Ouvrage.

Le Décret porte encore que mes anciens associés, (Dom *Valet*, & Dom *Beaubens*,) se trouveroient justement offensés, de ce que dans mon *Prospectus* je me dis seul Auteur de l'Histoire de la Ville de Bordeaux.

A ce trait, on découvre la principale source des contradictions que j'éprouve depuis plusieurs années. On ne veut pas qu'il soit dit que j'ai fait l'Histoire de la Ville de Bordeaux.

Je dois être moins taxé que personne de la vanité, si c'en est une, de mettre mon nom à la tête de mes Ouvrages. J'ai composé quatorze Lettres sur la Religion qui ont été imprimé en 1757. On ne lit au Frontispice que ces mots, *par un Religieux Bénédictin*. Lorsque je fus sur le point de faire imprimer mon *Prospectus* de l'Histoire Générale de Guyenne, Dom *Maumousseau* alors Supérieur Général me demanda, si j'avois dessein qu'il parût sous mon nom. Je fis réponse que je croiois que ce *Prospectus* seroit mieux reçu du public, s'il paroissoit être l'ouvrage de plusieurs de mes Confréres. J'ai encore composé d'autres Ecrits, dont aucun ne porte mon nom. Mais dans la circonstance présente, je dois désirer que l'Histoire de la Ville de Bordeaux paroisse sous mon nom, parce qu'on chercheroit, & le Décret en donne la preuve, à faire retomber ce travail sur mes anciens Associés, & qu'il ne me resteroit plus aucun moyen de détruire le reproche que l'on me fait, de n'avoir pas répondu à la confiance dont on ma honoré. Au surplus,

* Il est imprimé à la fin de ce Mémoire.

le fait dont il s'agit n'est pas difficile à éclaircir. C'en est un, que Dom *Valet* & Dom *Beaubens* ne contesteront pas, que non-seulement ils n'ont pas travaillé à la composition de la nouvelle Histoire de Bordeaux, mais qu'ils n'en ont pas même lû une seule page. Ce n'est pas que je n'eusse été disposé à leur communiquer mon manuscrit, & à profiter de leurs lumiéres. Des raisons particulieres, étrangeres à l'objet de ce Mémoire, m'ont empêché de leur donner cette marque de confiance.

Il est vrai qu'une partie des Mémoires de l'Histoire de Bordeaux à été recueillie par Dom *Valet* & Dom *Beaubens*. Mais n'y a t'il aucune différence entre transcrire des Chartres, dépouiller des Registres, & rédiger une Histoire ? Les manuscrits qui ont servi à l'Histoire de la Ville de Bordeaux, forment tout au plus la sixiéme partie de cet Ouvrage. Le reste à été pris dans les imprimés. Telle est donc la part, que Dom *Valet* & Dom *Beaubens* peuvent prétendre à l'Histoire de Bordeaux. Ils ont fait des collections, dont on à tiré de quoi en composer environ la sixiéme partie, encore un tiers de ces collections est il écrit de ma main. Qu'on juge maintenant, si ces deux Religieux sont en droit de se dire Auteurs du manuscrit, dont j'ai publié le *Prospectus*. Cette prétention est si dénuée de fondement, que je suis persuadé, que le Décret prête à Dom *Valet* & à Dom *Beaubens* des intentions qu'ils n'ont pas. C'est leur supposer trop peu de délicatesse, que d'imaginer qu'ils consentiront que leur nom paroisse avec le mien, à la tête de la nouvelle Histoire de Bordeaux, & qu'on les rende responsable de ce que contient un Ouvrage, qui, à peu de chose près, sera aussi neuf pour eux que pour le public.

Le troisiéme grief qui m'est imputé, est d'avoir dit à mes Supérieurs que j'étois dans le dessein, *de me pourvoir par les voies de Droit*, contre une persécution qui ne prenoit point de fin.

Je conviens du fait, & je n'avois pas lieu de m'attendre qu'on m'en fit un crime. Ma Requête au Parlement contient les motifs qui m'ont obligé d'y avoir recours. Ces motifs sont graves, & quand ils le seroient moins, en s'élevant contre cette démarche, on affecte une indépendance, qu'il n'est pas possible de justifier.

On trouve aussi dans le Décret, le Procès-verbal d'une visite faite dans ma chambre par le Pere Général & son Conseil, à dessein d'en enlever mon Ouvrage.

Les coups d'autorité toujours odieux par eux-mêmes, ne se justifient que par la nécessité. On ne voit pas ce qui peut avoir obligé de frapper celui-ci. Il n'est pas naturel de penser que j'aie refusé de remettre mon Ouvrage au Pere Général, lui en ayant déja communiqué une partie, à laquelle ce Supérieur avoit accordé son approbation. Mais une preuve décisive que je suis innocent à cet égard, c'est que si je me fusse écarté dans la moindre chose des régles de la subordination, on n'auroit pas manqué d'insérer le fait dans le Décret, dans lequel on n'en apperçoit cependant aucune trace. C'est donc sans aucune raison légitime, qu'en faisant avec éclat une descente dans ma chambre, on a donné à entendre, que j'avois forcé mes Supérieurs d'avoir recours à cette voye extraordinaire.

Le Décret est terminé par une injonction qui m'est faite, de remettre au Pere Général dans le jour, tous les papiers concernant les Histoires de la Ville de Bordeaux & de la Province de Guyenne, & de me retirer incessamment à Marmoutier.

Le premier ordre suppose que j'ai abusé de la confiance dont mes Supérieurs & la Ville de Bordeaux m'ont honoré, & le second m'inflige une punition rigoureuse.

Pendant l'année que j'ai passée à Marmoutier, j'ai été huit mois malade. Monsieur du *Verger*, Médecin de cette Abbaye, à attesté plusieurs fois que l'air m'étoit contraire, que si j'y faisois un plus long séjour, je courois risque de tomber dans l'état le plus fâcheux. Ce motif joint à d'autres, dont le Pere Général étoit instruit, rendoit dans la circonstance du Décret, la Maison de Marmoutier, une de celle de notre Congrégation où je devois m'attendre à trouver le plus de desagrément.

Tel est en substance le Décret qui m'a été signifié. M'y soumettre eut été en reconnoitre la justice. C'eut été convenir que j'étois accusé avec fondement, d'avoir manqué de respect aux Chefs de notre Congrégation, d'avoir abusé de la confiance du public & de mon Corps, de m'être attribué un ouvrage auquel je n'ai que la moindre part, d'avoir fait imprimer un écrit sans la permission & contre le vœu du Pere Général, & d'avoir voulu défendre une conduite aussi irréguliére, par une voye qu'on est encore moins disposé à me pardonner. Je ne pouvois convenir de ces faits, sans me résoudre à passer le reste de mes jours dans le deshonneur, & dans une maison dans laquelle j'aurois bientôt trouvé mon tombeau. Je ne crûs pas qu'aucun motif fût assez puissant, pour me déterminer à donner à mes Supérieurs cette marque d'obéissance. Je me pourvûs contre le Décret par les voyes de Droit. Des personnes en place chercherent à accommoder cette affaire. La négociation dura cinq semaines. Le Pere Général ayant persisté à vouloir que le Décret eut son plein & entier effet, la Chambre des vacations me reçut Appellant comme d'abus. Le Pere Général demanda que l'Arrêt ne fût point signifié, me permit de choisir une Maison de Province différente de celle de Marmoutier, & promit que, lorsque je m'y serois rendu, il feroit ce qui conviendroit.

Un accommodement qui ne décidoit ni mon sort ni celui de mon Ouvrage, ne sembloit pas propre à calmer mes inquiétudes. Cependant je n'hésitai point à l'accepter, & à me remettre sans aucune réserve entre les mains de mes Supérieurs.

Je n'ai pas plutôt été arrivé dans l'Abbaye de Saint Nicolas d'Angers, que mes craintes se sont justifiées. L'impression que ma présence a fait sur mes Confréres, les discours qu'on m'a tenus & des lettres que j'ai reçus de différents endroits, m'ont fait connoître qu'on ne se contentoit point de donner un tour odieux à mon affaire; mais que la calomnie cherchoit à me percer par de nouveaux traits. De tous ceux dont j'ai reçu les atteintes, aucun ne m'a été plus sensible que l'affectation avec laquelle on a publié, que j'ai dénoncé au Parlement de Paris les Constitutions de mon Ordre. Il est triste pour moi d'entrer dans une semblable discussion; mais puis-je me dispenser de répondre à un réproche sur lequel on a particulierement insisté, afin de me représenter comme un ennemi de mon Corps, & comme un enfant dénaturé qui déchire le sein de sa propre mere?

Sans prétendre examiner ici, s'il y a dans nos Constitutions quelque article qui a donné lieu de me faire un crime, d'avoir cherché à me pourvoir par les voyes de Droit, j'observerai que les personnes, qui se sont chargées de prendre ma défense ou de négocier mon affaire, ont dû commencer par s'instruire de ce fait. Si nos Constitutions ont obligé mes Supérieurs d'insérer dans leur Décret la clause dont il s'agit, cet Acte mérite une attention particuliére. Or, dès que l'examen de nos Constitutions dérive de la nature du Décret qui m'a été signifié, s'il en est résulté des bruits défavorables à notre Congrégation, on ne doit nullement m'en rendre responsable.

Si j'avois cherché à me soustraire à l'exécution du Décret, en exposant dans ma Requête, que j'ai d'autant plus lieu d'en craindre les suites, que cet Acte est fondé sur un article précis de nos Constitutions, & que le fait fût exact, en quoi serois-je coupable ? Ce moyen de défense auroit donné une très-grande force aux autres moyens dont j'ai fait usage; & par-là il devient naturel & lié en quelque sorte indissolublement avec ma cause.

Au reste, cette accusation est fausse. La Requête que j'ai présentée à la Chambre des vacations, n'a aucun trait direct ou indirect aux Constitutions de mon Corps. Je m'étois d'abord proposé de rapporter en entier cette Requête. Je ne m'en dispense que pour ne pas exposer aux yeux du public, une partie de la persécution qui m'a forcé de me mettre sous la sauve-garde de la Justice. On sent d'ailleurs qu'il n'est pas possible d'en imposer sur un fait aussi facile à vérifier.

Le reproche par lequel on a cherché à me rendre odieux, ne peut donc subsister de quelque côté qu'on le considére; & quelle qu'ait été l'intention de l'Auteur de cette calomnie, notre Congrégation ne doit lui en sçavoir aucun gré.

On commence à entrevoir une partie des desagrémens que j'ai eu à essuyer, depuis que je suis en Province. Il seroit difficile de peindre une situation plus critique. J'ai des droits marqués aux bontés de mes Supérieurs. Pendant plus de vingt ans on employe sans fruit, nombre de mes Confréres, à une entreprise littéraire. Je consens à m'en charger. Malgré des contradictions vives & soutenues, j'en mets une partie en état de paroître. Je me procure toute sorte de facilités pour conduire l'autre à sa perfection, & c'est dans ces circonstances que j'ai la douleur de voir mes Supérieurs n'employer l'autorité qu'ils ont sur moi, que pour prolonger mes inquiétudes & mes peines.

Je n'ai nulle intention de me plaindre de personne en particulier; mais on se persuadera facilement, que les dispositions des Chefs de notre Congrégation à mon égard, remplissent d'amertume presque tous mes momens. Ici la notorieté doit suppléer aux preuves. Si l'on veut achever de donner à ce tableau toutes ses couleurs, qu'on se représente un Religieux naturellement ennemi des discussions, qui sans cesse occupé à se garantir des piéges qu'on lui tend, à démêler de nouvelles intrigues, & à se défendre contre les personnes qui devroient être sa consolation & son appui, n'a pas joui depuis cinq ans d'un seul jour de tranquillité, à qui on ne peut avec fondement faire le plus léger reproche, & qui voit une multitude de bouches ouvertes contre lui, qui a un goût décidé pour le travail, que l'on arrête au commencement de sa carriére, & qui est forcé de se concentrer dans les idées les plus desagréables.

En effet, ma situation est d'autant plus facheuse, que mes Supérieurs m'ont ôté toute espérance de faire tomber leurs préventions, & que je suis réduit à en appréhender plus que jamais les suites. Ce n'est pas que je ne sçache, qu'en général, le gouvernement de notre Congrégation est modéré. C'est même cette modération portée à l'excès, qui fait que depuis plusieurs années, je souffre une persécution qui est aujourd'hui à son comble. Plusieurs de nos Assemblées ou mon affaire à été discutée contradictoirement, ont reconnu mon innocence. Tous les Visiteurs que j'ai eu depuis huit ans, ont pris ma défense. Le Pere Général lui-même dérogeant aux dispositions d'un Chapitre général à qui on en avoit imposé, m'a fait venir à Paris, à approuvé mon travail, & m'a ordonné de prendre les mesures nécessaires pour le faire paroître. Il est constant par tous ces faits, qu'avant le mois de Septembre dernier, non-seulement on me regardoit comme étant à l'abri de tout reproche, mais encore que j'avois pour moi les vœux de mon Corps, & cependant je n'en ai pas été plus tranquille. En reconnoissant mon innocence, on n'a pas puni mes Accusateurs. J'ai continué d'être exposé aux coups de ceux dont j'avois prouvé l'injustice & la mauvaise volonté, & ceux-ci abusant d'une indulgence qu'ils ne méritoient pas, n'ont cessé de me livrer de nouvelles attaques, & ont enfin obtenu par leurs intrigues & leur perséverance, ce qu'ils ne pouvoient se flater d'obtenir de la bonté de leur cause. Ils ont fait plus, ils ont trouvé le secret de disparoître, & quoiqu'ils soient les véritables auteurs de mes disgraces, je ne parois maintenant en butte qu'à des personnes que je respecte, à qui je me suis toujours fait un devoir de soumettre mes intentions & mes actions, & dont j'ai mille fois éprouvé les bontés.

Mes ennemis ne pouvoient mieux se caracteriser qu'en choisissant, comme ils ont fait, le moment où l'impression du *Prospectus* de l'Histoire de Bordeaux alloit anéantir leurs

leurs projets, pour frapper ſur moi le coup le plus vif, & ſi je puis m'exprimer ainſi, pour m'accabler du poids de toute notre Congrégation. Si dans le tems que je pouvois le plus légitimement compter ſur les bontés de mes Supérieurs, mes adverſaires ſont aſſez puiſſans pour les obliger à former un Décret qui me deshonore, ſi peu de jours après, le Pere Général ſe porte contre moi à une démarche encore plus extrême & plus éclatante, ſi, après avoir rendu ſans ſuccès une négociation entrepriſe pour ménager les intérets de notre Congrégation, on oblige le Parlement à prendre connoiſſance d'un Décret, dont les fondemens croulent de tous côtés; enfin ſi un accommodement, que la crainte des ſuites d'une procédure juridique fait propoſer, & que j'accepte contre mes intérêts, ne ſert qu'à m'expoſer à de nouvelles intrigues, quelle eſpérance me reſte-t'il encore? Ou plutôt le ſort qu'on me prépare eſt-il difficile à prévoir? Des perſonnes de conſidération m'ont aſſuré qu'un de mes principaux adverſaires à dit, *que j'étois un monſtre, & qu'on me pourſuivroit juſqu'aux enfers.* Tout ce qui s'eſt paſſé depuis la ſignification du Décret, décele dans ce diſcours indécent, un nouveau genre de perſécution qu'on me prépare, & dont on ne diffère l'entiére exécution, que pour mieux l'aſſurer.

Il ſemble cependant que pluſieurs motifs devroient engager mes Supérieurs, à prendre à mon égard des diſpoſitions différentes. Celui de la juſtice ſeul doit les y déterminer. Les faits contenus dans ce Mémoire ſuffiſent pour détruire les préventions que l'on a pû ſe former contre moi, & il n'y a pas d'apparence qu'on en conteſte aucun juridiquement. Pendant les cinq ſemaines qui ont précédé l'Arrêt que la Chambre des vacations à rendu en ma faveur, tout ce qui me concerne à été diſcuté & approfondi, & on n'a pû rien prouver qui juſtifiât la conduite qu'on a tenue à mon égard. Si je ſuis innocent, la juſtice exige qu'on aboliſſe un Décret qui me deshonore, & qu'on me mette à portée de terminer mon entrepriſe.

Je conviens que mes Supérieurs ont dû voir avec peine leur Décret déféré au Parlement, & que l'impreſſion de ce Mémoire ne doit pas leur être moins ſenſible.

Mon recours au Parlement à été une ſuite néceſſaire de la poſition où m'a mis la ſignification du Décret; j'en ai donné la preuve. Quant à la publication de ce Mémoire, j'ai ſenti toute l'amertume d'une pareille demarche, & que n'ai-je pas fait pour la prevenir?

C'eſt une obſervation qu'on ne doit pas perdre de vue, & qui ſe vérifie, à meſure qu'on approfondit mon affaire. Si je me trouve aujourd'hui dans la ſituation la plus critique, il ne m'a pas été poſſible de l'éviter; & l'on ne peut ſans injuſtice m'accuſer d'avoir été l'artiſan de mon malheur. En arrivant à Angers, je me ſuis imposé la loi de parler rarement de mes affaires, & de ne laiſſer paſſer aucune occaſion d'aſſurer, que je les regardois comme terminées par l'accommodement qui avoit été conclu, que le Pere Général étant ſatisfait, je devois l'être & je l'étois. Inſtruit par différentes voies, des bruits peu fondés qu'on répandoit ſur mon compte, j'ai conſtamment évité des détails, dans leſquels je ne pouvois entrer, qu'au déſavantage des perſonnes dont je déſirois avec ardeur de regagner les bonnes graces. J'ai conſenti à être victime de la prévention & de la calomnie. Je n'ai repouſſé leurs traits qu'en repondant, que le Pere Général ayant promis de faire ce qui conviendroit, j'eſpérois éprouver ſes bontés dont les effets aſſoupiroient pour toujours une malheureuſe affaire, & me juſtifieroient ſuffiſamment.

Peu de jours après mon arrivée à Angers, j'ai écrit au Pere Général une lettre dans laquelle je m'exprime ainſi: « Convaincu plus que perſonne, mon Très-Révérend Pere, « que vos intentions ne tendent qu'à procurer à ceux qui « ont l'avantage de vivre ſous votre gouvernement, le « bonheur auquel leur état leur permet d'aſpirer, je me « propoſe de ne rien oublier de ce qui peut me rendre digne « de vos bontés. » Le Pere Général n'ayant point répondu à cette lettre, je lui en ai adreſſé une ſeconde qui contient les motifs les plus propres à l'engager à jetter un regard favorable ſur ma ſituation. Ce Supérieur eſt convenu que cette lettre ne pouvoit-être plus ſoumiſe, & n'a pas encore jugé à propos d'y répondre. Enfin j'ai eu occaſion de faire une nouvelle tentative vis-à-vis d'un Religieux qui réſide à Saint Germain-des-Prés, qui occupe une place diſtinguée dans notre Congrégation, qui n'a paru prendre aucune part à mon affaire, & pour qui le Pere Général a de l'eſtime & des attentions. Après lui avoir expoſé le ſujet de ma lettre, qui demandoit une prompte reponſe, je lui ai repréſenté combien ma ſituation étoit déſagréable, & combien elle le ſera, juſqu'à ce que le Pere Général m'honore de ſes bontés. Le Religieux, que j'ai ici en vue a cru devoir ſuivre l'exemple du Pere Général, & en gardant un ſilence qu'il ſçavoit devoir me cauſer la peine la plus ſenſible, il n'a pas craint de ſe faire une violence peu conforme à ſon caractére, en manquant à un devoir de politeſſe & de bienſéance. C'eſt ſur-tout à ce trait, que j'ai compris que les préventions conçues contre moi étoient portées à l'excès, & que je me flatois envain de les détruire. J'ai néanmoins laiſſé encore écouler quelque tems, après lequel je me ſuis enfin déterminé à employer la ſeule voye qui me reſte pour ma juſtification & ma défenſe. *

J'ai aujourd'hui deux devoirs à remplir. La Ville de Bordeaux & la Province de Guyenne m'ont confié le ſoin de rédiger leurs Annales. J'ai reçu une ſomme conſidérable pour fournir à une partie des dépenſes que doit occaſionner cette entrepriſe. J'ai travaillé dans un très-grand nombre d'archives publiques & particuliéres. Enfin, avant de quitter Bordeaux, j'ai annoncé que l'Hiſtoire de cette Ville ſeroit imprimée en 1761. Me trouvant dans l'obligation de manquer de parole, je ne puis me diſpenſer d'en publier les motifs, de faire connoître que je la tiendrai, dès que mes Supérieurs me le permettront, & que la ſuppreſſion de mon *Proſpectus* de l'Hiſtoire de Bordeaux, ne doit donner aucune impreſſion deſavantageuſe, d'un Ouvrage, qui réunit en ſa faveur, des ſuffrages multipliés & non ſuſpects.

* Avant de Publier ce Mémoire, j'ai écrit au Pere Général la Lettre ſuivante. " M. T. R. P. permettez que je vous exprime la peine que " je reſſens, de n'avoir reçu aucune réponſe a pluſieurs Lettres que j'ai " Pris la liberté de vous écrire, depuis que je ſuis à Angers, & dans " leſquelles j'ai cherché à vous faire connoître, que les ſentimens de " mon cœur ſeront toujours dictés par la ſoumiſſion & le reſpect. Ce " ſilence perſuade à mes confreres, que j'ai perdu toute eſpérance de " rentrer en grace avec vous, ce qui rend ma ſituation extrémement " déſagréable. Je me jette encore une fois à vos pieds, pour vous aſſu- " rer que je ne ceſſerai jamais de vous regarder, comme tenant mon " ſort entre vos mains, & vous conjurer de me donner quelque té- " moignage de votre affection paternelle. J'ai l'honneur d'être &c.„ J'ai envoyé en même tems, à quelqu'un qui poſſéde la confiance du Pere Général, un exemplaire de ce Mémoire, en lui marquant qu'aucun autre ne verroit le jour, ſi le Pere Général daignoit me rendre ſes bonnes graces, & me procurer les facilités de continuer mon entrepriſe. J'avois tout lieu d'eſperer que cette propoſition ſeroit acceptée. Elle auroit terminé une affaire que notre Congrégation ne voit qu'avec peine. Elle ne compromettoit nullement l'autorité du Pere Général, puiſque la lettre que ce Supérieur m'auroit écrite auroit été une réponſe naturelle à celle que je lui adreſſois, & que d'ailleurs je ne demandois autre choſe, ſinon que les conditions de l'accommodement conclu avant mon départ de Paris, fuſſent exécutées. J'ignore les raiſons qui ont rendu ſans ſuccès cette derniere tentative. Mais aprés l'avoir faite, pouroit-on encore ſuſpecter la droiture de mes intentions? & dans la ſituation affreuſe ou la Providence permet que je me trouve, pouvois-je donner à mon corps une marque d'attachement moins équivoque & plus ſenſible?

Un autre devoir que les circonſtances où je me trouve, m'impoſent, eſt d'expoſer les raiſons pour leſquelles j'ai déféré un Décret décerné contre moi par mes Supérieurs, & de détruire la calomnie. Quiconque peut ſe réſoudre à vivre dans le deshonneur, ſans l'avoir mérité, à ne conſulter que les ſentimens humains, eſt indigne de vivre, & à conſulter ceux de la Religion, s'expoſe à des tentations au-deſſus de ſes forces.

Si rien ne doit nous être plus cher que notre réputation, & ſi je n'ai plus que la voie dont je me ſers pour prouver, que je n'ai point abuſé de la confiance de la Ville de Bordeaux, qu'un Décret qui me deshonore à été porté ſans aucun motif ſuffiſant, & que je ne mérite point le reproche d'avoir dénoncé nos Conſtitutions au Parlement de Paris, ne ſuis-je pas dans l'obligation indiſpenſable d'y avoir recours ? Les perſonnes non-prevenues ne trouveront point de réponſe à ce raiſonnement, par lequel je démontre la néceſſité de ce Mémoire. Quant à celles qui ſont inſtruites du fond de mon affaire, elles conviendront ſans peine, que ce que je dis ici pour ma défenſe, eſt foible en comparaiſon de ce que je pourois dire.

En effet, la diſcuſſion qui donne lieu à ce Mémoire, ne permet pas de douter que je n'aie des ennemis qui regardent comme un point d'honneur de me perdre. La connoiſſance de ce qu'ils m'ont fait éprouver, intéreſſeroit plus particuliérement à la ſituation d'un Religieux, qui depuis pluſieurs années ne ſouffre, que parce que ſes Supérieurs l'ont jugé capable d'être utile à ſa Congrégation. Ce ſeroit ſans doute ici le moment de traduire aux yeux du public, ces hommes, devorés par l'envie, qui n'ont pas craint de ſe livrer à ces manœuvres obſcures, que la plus humiliante de toutes les paſſions eſt ſeule capable de produire. Si j'étois ſuſceptible d'un motif auſſi bas que celui de la vengeance, j'aurois à choiſir dans le nombre des traits qui les caractériſent, & qui ſont conſignés dans des Mémoires préſentés à pluſieurs Aſſemblées de mes Supérieurs, où ma cauſe à toujours été diſcutée à mon avantage. Mais ſi ce détail eſt propre à couvrir mes adverſaires d'une juſte confuſion, s'il paroît en quelque ſorte néceſſaire pour empêcher qu'on n'attribue à tout un Corps, ce qui n'eſt que le fruit des intrigues d'un petit nombre de ſes membres, d'un autre côté il me feroit faire un perſonnage, oppoſé à la conduite que j'ai tenue dans toute cette affaire,

Quelques vives qu'aient été les attaques qu'on m'a livré, j'ai toujours resté sur la défensive. Je n'ai rien omis de ce qui pouvoit désarmer mes adversaires. N'ayant pas réussi, je me suis toujours comporté à leur égard avec une modération qui ne m'a pas moins servi que les moyens que j'ai employés pour ma défense. C'est par une suite de cette modération, que je supprime ici jusqu'aux noms de ceux, contre lesquels je suis en état de former les plaintes les plus graves.

On doit être surpris de ce que les Auteurs du Décret n'ont pas fait servir l'accommodement auquel je me suis prêté, à terminer entiérement mon affaire. Le Pere Général avoit promis, que lorsque je serois en Province, *Il fairoit ce qui conviendroit.* Ou ces expressions n'ont aucune valeur, ou elles signifient que, lorsque j'aurai rendu au Pere Général la soumission qu'il exige de moi, ce Supérieur me donnera la satisfaction, à laquelle je puis légitimement prétendre ; qu'il me faira du moins connoître ses intentions, fixera mon sort, & sur-tout celui de mon Ouvrage ; & il est certain que telles ont été les vûes des personnes respectables qui ont négocié cette affaire.

Après m'avoir mis dans la nécessité de publier ce Mémoire, on ne doit point m'imputer les suites qu'il peut avoir. Tant de traverses, qui me sont suscitées sans raison à l'occasion d'une entreprise littéraire, sont capables d'affoiblir dans une portion précieuse de notre Congrégation, le goût des Sciences & du travail, & l'honneur ainsi que les intérêts de ce Corps, ne permettent pas qu'on s'expose à voir flétrir un Décret, dont les abus trop sensibles, ne pourront jamais soutenir les regards de la Justice.

Fr. DEVIENNE,
Religieux Bénédictin.

IDÉE GÉNÉRALE DE L'HISTOIRE DE LA VILLE DE BORDEAUX.

. . . . . Insignem Baccho, Fluviisque Virisque. *Auson.*

L'OUVRAGE qu'on annonce au Public renferme plusieurs articles qui intéressent spécialement les Bordelois. Tels sont ceux qui concernent la connoissance du local de Bordeaux, la maniere dont cette Ville a été gouvernée depuis sa fondation, l'extrait de ses Priviléges & son Commerce. On n'entreroit pas néanmoins dans le plan de l'Auteur, si on regardoit ces objets, essentiels à son Ouvrage, comme devant en former la partie la plus considérable. Il a été assez heureux, pour que son sujet lui en présentât une multitude d'autres, dont l'intéret est plus général, & dans lesquels les premiers étant confondus, & n'yant d'ailleurs qu'une juste etendue, semblent en quelque sorte disparoître.

En effet, l'Histoire de Bordeaux a d'abord un avantage peut-etre unique. Trois Poëtes (Ausone, Saint Paulin & Fortunat) fournissent les premiers matériaux de cet Ouvrage, ce qui dépouille ses commencemens de la sécheresse presqu'inséparable des faits qui ont une certaine antiquité. La Ville de Bordeaux a été successivement au pouvoir des Romains, des Gots, des Sarrasins, des Normands, des Ducs héréditaires de Guyenne, & des Anglois. Ces révolutions multipliées, dont elle a été le théâtre & souvent la victime, ont été occasionnées par des évenemens remarquables. Devenue, sous ces derniers, la Capitale des Provinces méridionales qu'ils possédoient en France, la demeure des Ducs de Guyenne, & quelquefois des Rois d'Angleterre, elle fut le centre des opérations principales, & l'on y faisoit mouvoir ces ressorts, qui eurent assez de consistance & de force pour soutenir pendant trois siécles, dans un état violent, une domination étrangere.

Les mouvemens qui ont agité plusieurs fois la Ville de Bordeaux, depuis l'expulsion des Anglois, sont tous marqués à des caracteres qui leur sont propres. M. de Thou raconte cette fameuse sédition de 1548, que le Connétable de Montmorenci punit avec une sévérité qui surpassa de beaucoup l'énormité de la faute. D'autres divisions intestines ont affligé Bordeaux; mais ces époques funestes, tristes effets des caprices & des fureurs du peuple, ont toujours fait éclater la prudence & la fidélité de ses Chefs. Enfin le récit des troubles de Bordeaux sous la minorité de Louis XIV, & le détail du Siége de cette Ville, formé par le Cardinal Mazarin, sont des morceaux capables de piquer la curiosité & de la satisfaire.

A des tableaux si variés & si frappans, l'Histoire de Bordeaux ajoute encore les vies de plusieurs Hommes célébres, terminées par celle du Président de Montesquieu. les démêlés du Cardinal de Sourdis avec le Parlement, ceux de Henri son frere avec le Duc d'Epernon, & une foule d'Anecdotes répandues dans le corps de l'Ouvrage, & qu'on doit s'attendre à trouver dans les Annales de la Capitale de la Guyenne & de la Gascogne.

Un partie des évenemens rapportés dans l'Histoire de Bordeaux est absolument neuve. Quant à ceux qui ont déja été traités, on sent la différence qu'il doit y avoir entre des Ecrivains qui travaillent incidemment sur un sujet, & celui qui prend toutes les mesures nécessaires pour l'approfondir autant qu'on est en droit de l'exiger de lui.

Dom DEVIENNE, Religieux Bénédictin de la Congrégation de S. Maur est Auteur de cet Ouvrage. Outre les dépôts publics, dont il a eu communication, soit à Paris, soit à Bordeaux, nombre de Particuliers lui ont ouvert leurs Cabinets, dans lesquels il a fait des découvertes très précieuses, sur-tout pour ce qui regarde l'histoire des derniers tems; &

l'on se persuadera sans peine, que dans la fermentation où les esprits étoient alors, une Nation vive & spirituelle a dû enfanter des productions qui méritent de passer à la postérité.

L'Histoire de Bordeaux formera deux Volumes *in-quarto*. On a rejetté dans des Notes tout ce qui a été l'objet de la critique, & des descriptions qui auroient trop coupé la partie historique. Elle est partagée en dix Livres, & les évenemens sont rapportés à mesure que la suite des tems les amene. On trouvera à la fin quelques piéces qui n'ont pû être insérées dans le corps de l'Ouvrage, les Preuves des faits essentiels, les Catalogues des Archevéques de Bordeaux, des Premiers Présidens du Parlement & de la Cour des Aides, des Procureurs Généraux, des Juges de la Bourse, des Maires & des Jurats, depuis qu'ils ont été réduits au nombre de six.

L'Histoire de Bordeaux est entiérement finie. Elle sera imprimée en caracteres neufs, le corps de l'Ouvrage, en *Saint Augustin*, les Notes & les Preuves en *Cicero*. Le papier sera le méme que celui de cette *Idée générale*.

Comme on se propose de ne rien négliger de ce qui peut contribuer à la décoration de cet Ouvrage, on y mettra un Frontispice trés-orné, une Vignette, un Plan de la Ville de Bordeaux, telle que les Romains l'ont bâtie, un autre Plan de cette Ville dans l'état où elle est aujourd'hui, ceux du Palais Galien, des Piliers de Tutele, de la Place Royale, de la Place de Bourgogne & une Vue des Allées de Tourni. Le tout sera exécuté par des Artistes de réputation.

Limpression de l'Histoire de Bordeaux commencera, au plus tard, au premier de Janvier 1762. Les personnes qui seront dans le dessein de se procurer cet Ouvrage, sont invitées de prendre des engagemens avant ce tems, suivant le modele de Souscription ci-joint, & de les faire tenir à l'Auteur, à l'Abbaye de Saint Germain-des-Prés à Paris, ou à l'un des Libraires dénommés ci-après, en affranchissant les Lettres & les paquets. En conséquence de ces engagemens, l'Exemplaire leur sera délivré pour 24 liv. au lieu que ceux qui n'auront point soucrit, le payeront 30 liv.

FORMULE DE SOUSCRIPTION.

Je promets de prendre chaque Volume en feuilles de l'Histoire de la Ville de Bordeaux, par Dom DEVIENNE, *Religieux Bénédictin de la Congrégation de Saint Maur, dans l'espace de deux mois après qu'il aura été annoncé dans les Papiers publics, pour la somme de douze livres, que je délivrerai en le recevant, & sous les conditions énoncées dans l'Idée générale de cet Ouvrage.*

Noms des Libraires chez qui on pourra souscrire.

A PARIS, Chez
- DESAINT & SAILLANT, Rue Saint Jean de Beauvais.
- HERISSANT, Rue Saint Jacques.
- BARROIS, Quai des Augustins.

A BORDEAUX, Chez
- CHAPUIS, Aîné & Fils, à la Bourse.
- Les Freres LA BOTTIERE, Place du Palais.

APPROBATION.

J'ai lû, par l'ordre de Monseigneur le Chancelier, cette *Idée générale de l'Histoire de la Ville de Bordeaux*, qui m'a paru mériter l'impression. A Paris, ce 12 Septembre 1761.

DUPUY.

DÉCRET

Décerné contre Dom Devienne, *par le Pere Général de la Congrégation de Saint Maur, & son Conseil.*

Aujourd'hui seiziéme jour du mois de Septembre 1761, Nous soussignés Supérieur Général, Assistans, Secrétaire & dépositaire de la Congrégation de Saint Maur, assemblés en la Chambre duditTrès-Révérend Pere Général, lequel a exposé que Dom Jean-Baptiste-Claude *Devienne Dagneaux*, Religieux de ladite Congrégation en l'Abbaye de Marmoutier actuellement à Paris, avoit *contre ses intentions* fait imprimer & distribuer un nouveau *Prospectus* de l'Histoire de la Ville de Bordeaux ou de la Province de Guyenne, sans avoir demandé la permission à laquelle la régle & le bon ordre assujetissent tous les Ecrivains de ladite Congrégation, que ledit Dom Jean-Baptiste-Claude *Devienne Dagneaux* lui en avoit adressé un exemplaire dans une lettre peu réfléchie, & qu'il y avoit ensuite ajouté de vive voix tant à lui qu'aux Révérends Peres Assistans, des paroles peu respectueuses & des menaces de se *pourvoir par les voyes de Droit*, qu'il étoit important pour le maintien de la régle & l'honneur de la Congrégation, d'empêcher une plus ample distribution de ce *Prospectus*, jusqu'à ce que l'ouvrage ait été communiqué au Supérieur Général, pour être par lui ou par les personnnes qu'il commettra à cet effet examiné, pour sçavoir s'il est susceptible de l'impression, que d'ailleurs la Ville de Bordeaux avec laquelle on avoit traité, & qui a fourni quelques fonds pour cet ouvrage, pouroit se plaindre de ce que Dom Jean-Baptiste-Claude *Devienne Dagneaux* l'auroit rendu public sans son aveu & sans l'avoir examiné elle-même, qu'enfin les deux Religieux de Sainte Croix de Bordeaux qui ont partagé avec lui les recherches & le travail, se trouveroient justement offensés de l'impression de cet Ouvrage, au nom seul de Dom *Devienne Dagneaux*.

Par ces considérations, les soussignés ont été d'avis de se transporter à la chambre No. 16. habitée par Dom Jean-Baptiste Claude *Devienne Dagneaux* ledit jour, à huit heures du matin. Ne l'y ayant pas trouvé, ils ont envoyé demander au Portier s'il étoit sorti. Sur la réponse du Portier, ils se sont servi de la double clef du garçon d'Hôtellerie pour entrer dans ladite chambre, pour prendre en communication ledit ouvrage, à l'effet de l'examiner ou faire examiner. N'y ayant trouvé n'y ledit Dom *Devienne* pour lui ordonner de le remettre lui-même, n'y l'ouvrage, mais seulement deux cahiers intitulés l'un *Livre premier*, l'autre *Livre troisiéme*, & beaucoup de Mémoires & de brouillons qu'ils n'ont pas jugés à propos de lire ni de rien déplacer, les Soussignés sont convenus entr'eux de dresser ce Procès-verbal, & d'enjoindre par le Très-Révérend Pere Général, comme en effet il enjoint, audit Dom Jean-Baptiste *Devienne Dagneaux*, de lui remettre dans le jour tout ce qu'il dit avoir fait de l'Histoire de la Ville de Bordeaux ou de la Province de Guyenne, avec très-expresses défenses de rien faire imprimer avant l'examen que ledit Très Révérend Pere Général aura fait ou fait faire, & le consentement de ladite Ville de Bordeaux & des deux Religieux qui ont travaillé cet Ouvrage, & de faire d'autre distribution dudit *Prospectus* comme aussi d'enjoindre audit Dom *Devienne*, comme en effet ledit Très-Révérend Pere Général lui enjoint, de se transporter incessamment par la premiere voiture publique, en son Monastere de Marmoutier, pour y vivre sous le joug de l'obéissance, & y attendre le résultat de ces examen & les consentemens des susdits. En foy de quoi je soussigné, Secrétaire dudit Très Révérend Pere Général, ai dressé par son ordre ce présent acte signé de moi à la minute, des RR. PP. Assistans & du Pere Dépositaire & en ai délivré copie signée de moi audit Dom *Devienne* afin qu'il n'en ignore, les jours & an que dessus. *Signé*, Frere Joseph D[illegible], Supérieur Général. Collationné, *Signé*, Picard, Secrétaire.

Permis d'imprimer à Angers, le 29 Mars 1762.

BOGUAIS, *Lieutenant Général de Police.*

www.ingramcontent.com/pod-product-compliance
Ingram Content Group UK Ltd.
Pitfield, Milton Keynes, MK11 3LW, UK
UKHW022208190726
13855UKWH00004B/1666

9 782013 045407